BEI GRIN MACHT SICH IHR
WISSEN BEZAHLT

- Wir veröffentlichen Ihre Hausarbeit,
  Bachelor- und Masterarbeit

- Ihr eigenes eBook und Buch -
  weltweit in allen wichtigen Shops

- Verdienen Sie an jedem Verkauf

Jetzt bei www.GRIN.com hochladen
und kostenlos publizieren

Warum wird man Lehrer? Wesentlichen Themen des WAT-Unterrichts

Florian Nitsche

Bibliografische Information der Deutschen Nationalbibliothek:

Die Deutsche Nationalbibliothek verzeichnet diese Publikation in der Deutschen Nationalbibliografie; detaillierte bibliografische Daten sind im Internet über http://dnb.d-nb.de abrufbar.

ISBN: 9783346267344
Dieses Buch ist auch als E-Book erhältlich.

Druck und Bindung: Books on Demand GmbH, Norderstedt Germany
Gedruckt auf säurefreiem Papier aus verantwortungsvollen Quellen

Das vorliegende Werk wurde sorgfältig erarbeitet. Dennoch übernehmen Autoren und Verlag für die Richtigkeit von Angaben, Hinweisen, Links und Ratschlägen sowie eventuelle Druckfehler keine Haftung.

Das Buch bei GRIN: https://www.grin.com/document/916317

Häufig hat der Lehrerberuf ein negatives Bild in der Öffentlichkeit (Rothland 2013, S. 33) trotzdem handelt es beim Lehramt um einen sehr gut besuchten Studiengang und viele streben das Dasein als Lehrer an.

Die Wahl des Berufes Lehrer kann eine Vielzahl von Gründen haben. Grob kann man in zwei Kategorien unterscheiden, das wären zum einen die intrinsischen Gründe und zum anderen die extrinsischen Gründe (Cramer 2016. S. 269f.). Laut Cramer überwiegen bei Lehramtsstudierenden die Intrinsische, also die innere Motivation häufig der extrinsischen, äußeren Motivation. Intrinsische Motivation setzt sich unter anderem daraus zusammen das man es besser als seine Eltern machen will, bzw. besser haben will, also mehr Geld verdienen oder bessere Lebensumstände haben möchte. Ebenso wichtige Motivationen sind die Freude an der Arbeit mit Jugendlichen, Freude an Wissensvermittlung und die vielseitigen Aufgaben die der Beruf bereitstellt (Cramer 2016. S. 270f.). Der Lehramtsberuf setzt auch eine eher soziale Orientierung voraus, sowie laut Cramer eine unternehmerische, künstlerisch-sprachliche Orientierung. Studierende von naturwissenschaftlicher Fächer wird eine intellektuell-forschende Orientierung nachgesagt, sowie Studierenden des Faches Sport eine eher praktisch-technische Orientierung (Cramer 2016. S. 266f.). Spezifische Grundeigenschaften bilden hierbei den Schlüssel zum späteren potenziellen Erfolg, einen niedrigen Wert an Neurotizismus, also niedrige Anfälligkeit für Ängstlichkeit, Reizbarkeit und Depression. Dieser Wert wird fällt niedrig aus, wenn andere wichtige Eigenschaften höhere Werte haben, wie z.B. Extravision (Herzlichkeit, Geselligkeit, Frohsinn), Offenheit und Gewissenhaftigkeit. Persönlichkeitsmerkmale, wie extrovertiert sein, sind ebenfalls essentiell (Cramer 2016. S. 266f.).

Zu den wesentlichen extrinsischen Motivationen gehört die Berufsvererbung, Sicherheit des Berufes, gute Vereinbarkeit mit der Familie und die erhoffte Verbeamtung (Cramer 2016. S. 265). Berufsvererbung bedeutet das ein Elternteil, oder beide ebenfalls Lehrer sind, oder waren. In Deutschland (Stand 2006) sind 24,3% der Grund- und VolksschullehrerInnen sowie 24,0% der

GymnasiallehrerInnen Berufsvererber (Cramer 2016. S. 265). Dies bedeutet nicht zwingend, dass das Lehramts als einziger Beruf in Erwägung gezogen wird. Ein Prozentsatz von 66,90% der Lehramtsstudenten haben außerdem schon eine pädagogische Vorerfahrung und mit Kindern und Jugendlichen gearbeitet. Viele Studenten haben vorher schon mal als Trainer gearbeitet oder Nachhilfe gegeben. Die Arbeit als Lehrkraft gilt als zukunftssicher, viele Studenten hoffen auch eine Verbeamtung und somit einhergehend eine gute Bezahlung. Ein weiterer Faktor wäre die viele Freizeit, die gute Vereinbarkeit mit der Familie und die Möglichkeit zur Selbstverwirklichung (Cramer 2016. S. 268).

Es war nicht primär meine Idee Lehrer zu werden, dieser Beruf existierte in einem Ideen-Pool (weitere Ideen z.B. Zoll, Polizei), letztendlich habe ich mich aufgrund einer Vielzahl an Gründen für das Studium entschieden. Ich habe schon vor dem Studium mit Kindern gearbeitet, bzw. im sozialen Bereich gearbeitet. Meine erste Erfahrung habe ich ca. 2012 gemacht, als ich nach 5 Jahren Karate Training von meinem Trainer gebeten wurde ihn zu vertreten und die Gruppe über einen längeren Zeitraum zu trainieren. Ich habe im selben Jahr außerdem angefangen als Aushilfe im Kundenzentrum einer Firma zu arbeiten. Nach meinem Abitur war ich weiterhin unentschlossen und habe die Entscheidung von einem Bundesfreiwilligendienst an einer Schule abhängig gemacht. Der Bundesfreiwilligendienst hat mich dann vollkommen überzeugt und ich habe mehrere, nach Cramer, Grundvoraussetzungen entdeckt. Diese Grundvoraussetzungen sind: Spaß an der Arbeit mit Kinder, Freude an Wissens Vermittlung, etc. Manche der Lehrkräfte die ich kennengelernt habe waren ein Vorbild für mich, bei vielen habe ich allerdings gedacht das ich es besser machen könnte. Speziell der fehlende Zugang zu den Kindern und ihre veralteten Methoden haben mich oft im Unterricht gestört. Unzureichend fand ich auch die fehlende Konsequenz im Unterricht bei Ruhestörungen und der Umgang mit Konflikten zwischen Schülern.

Ich bin kein Aufsteiger, meine Eltern sind keine Lehrer. Meine Mutter ist Beamte und hatte früher die Ambition Lehrerin zu werden, was Aufgrund eines Eignungstestes gescheitert ist. Mein Vater ist Konstrukteur in einem größeren

Betrieb. Ich werde wahrscheinlich gleich viel, oder geringfügig mehr verdienen als meine Eltern. Ich bin der Erste aus meiner Familie der Lehramt studiert und meine Eltern haben es mir auch nicht empfohlen. Sie waren zuerst nicht überzeugt und haben mir nahe gelegt Maschinenbau zu studieren (was dann eine Berufsvererbung gewesen wäre). Mit als einzige Person hat mir meine Freundin (ehemalige WAT Studentin) das Lehramtsstudium empfohlen, bzw. die Studienrichtung WAT empfohlen, Die Empfehlung kann als maßgeblicher extrinsischer Faktor gesehen werden, da ich mich auf ihr Anraten letztendlich entschieden habe. Wie Cramer angeführt hat bringe ich diverse grundlegende Motivationen und Fähigkeiten mit. Ich engagiere mich sprachlich künstlerisch und habe außerdem ein technisches Interesse, was mir durchaus von meinem Vater vererbt wurde, da ich schon seit meiner Kindheit in seiner privaten Werkstatt mitgearbeitet habe.

Es ist schwer seine Persönlichkeitsmerkmale, bzw. Fähigkeiten selbst einzuschätzen, aber ich denke nach Cramers Formulierung treffen viele der Erwähnten auf mich zu, z.B. gesteigerte Extravision, Gewissenhaftigkeit und niedriger Neurotizismus.

An Familienplanung habe ich noch nicht gedacht und rücke diese in die ferne Zukunft, natürlich gibt es mir ein sicheres Gefühl zu wissen das viele Lehrer gesucht werden und ich mit aller Wahrscheinlichkeit verbeamtet werde.

Literaturverzeichnis

Cramer, Colin (2016): Berufswahl Lehramt: Wer entscheidet sich warum? In: Martin Rothland (Hrsg.) Berufswahl Lehrer/Lehrerin. Ein Studienbuch. Münster.

Martin Rothland (2013): Belastung und Beanspruchung im Lehrerberuf: Modelle, Befunde, Interventionen. Wiesbaden: Springer VS.

Wenn es in der Schülerlaufbahn darum geht sich für einen Beruf oder Berufszweig zu orientieren wird oft die Methode des Betriebspraktikums zu Rate gezogen. Diese Methode verspricht, zu mindestens äußerlich, dem Schüler einen Einblick in die Berufswelt zu gewähren wie es im normalen Schulgeschehen nicht möglich ist.

Unter der Methode Betriebspratikum ist zu verstehen, dass ein Schüler für eine kurze Zeit seiner schulischen Pflichten entbunden wird und als Praktikant in einem Betrieb arbeiten kann (Loerwald 2011, S. 125). Es wird vor allem darauf gesetzt das der Schüler praktische Erfahrung sammeln kann und vorhandenes theoretisches Wissen mit der Realität vergleicht. Die Methode wird im Umfang des Berufswahlprozesses genutzt, um den Schüler die Möglichkeit zu geben seine vorhandene Orientierung zu reflektieren, oder damit zu beginnen sich zu orientieren (Loerwald 2011, S. 126f.). Das Praktikum ist zeitlich begrenzt und wird durch einen Vertrag zwischen Schule und Betrieb gewährleistet. Der Betrieb muss den Schüler während des Praktikums betreuen, ebenso muss durch den Betrieb sichergestellt werden das der Schüler regelmäßig anwesend ist. Die Haftung liegt weiterhin bei der Schule, weil es sich um ein schulisch begleitetes Praktikum handelt, somit um eine Schulveranstaltung. Der Betrieb muss sich an die Vereinbarung die mit der Schule getroffen wurde halten, sowie an geltende Jugendarbeitsschutzgesetze. Die Aufgaben die der Schüler erfüllen muss kann der Betrieb frei wählen, sie müssen aber vom Anforderungsniveau dem des Schülers entsprechen und dürfen nicht gefährlich sein (Noll 2010, S. 3f.). Der Schüler sollte möglichst viele Bereiche und Strukturen des Betriebes kennenlernen.

Betriebspraktika benötigen eine umfassende Vor- und Nachbereitung, im besten Falle auch eine Begleitung. Es ist wichtig das der Schüler den theoretisch gelernten Stoff mit seinen Erfahrungen während des Praktikums vergleichen und verknüpfen kann. Fehlende Reflektion und ungeklärte Fragen können zu einer Generalisierung der Erfahrungen führen (Loerwald 2011, S. 130). Durch eine solche Generalisierung kann der Betreffende Schüler demotiviert werden, oder einen falschen Eindruck bekommen. Es ist aus didaktischer Sicht wichtig an das unmittelbar Erlebte anzuknüpfen und dem Schüler die Chance zu geben das Erlebte zu verarbeiten. Im Wirtschaftsunterricht vermittelte Konzepte, z.b. ökonomische Prinzipien, oder den Einfluss des Staates, können außerdem in der Praxis erfahren werden (Loerwald 2011, S. 130f.). In den meisten Fällen muss der Schüler während des Praktikums ein Portfolio, oder dergleichen anfertigen, dies hat den Zweck das sich der Schüler über den Arbeitsalltag hinaus mit der Materie beschäftigt. Wenn der Betrieb nicht aus einer Kartei der Schule ausgewählt wird, liegt es beim Schüler selbst sich zu bewerben, was als Vorbereitung für eine spätere Bewerbung gesehen werden kann (Noll 2010, S. 5).

Betriebspraktika nehmen einen großen Zeitraum in Anspruch und sollten im besten Fall Fächerübergreifend sein, was oft vernachlässigt wird. Die Vor- und Nachbereitung kommt zu der tatsächlichen Praktikumsdauer dazu, in der Zeit des Praktikums kann der Schüler nicht die Schule besuchen (Loerwald 2011, S. 131f.). Der allgemeine Unterricht wird pausiert. Die betreuende Lehrkraft muss während der Praktikumszeit ebenfalls für die Schüler da sein, sei es Beratung der Schüler, oder Überprüfung der Umstände des Praktikums. Diese Betreuung kann nur durch eine Freistellung der Lehrkraft gewährleistet werden (Loerwald 2011, S. 134). Viele Instanzen setzen hohe Erwartungen in die Methode, nicht zuletzt der Schüler selbst. Aufgrund des hohen Erwartungsbildes kann es vorkommen das ein Effekt der Ernüchterung eintritt, wenn nicht die gewünschten Ergebnisse und Erfahrungen erfolgen. Bei dem betreffenden Schüler kann es bei schlechten Erfahrungen, zu einer Generalisierung dieser kommen (Loerwald 2011, S. 135). Häufig werden Schülern aufgrund mangelnder Qualifizierung nur Hilfsarbeiten zu gewiesen, die einen falschen Eindruck des Berufes erwecken können (Loerwald 2011, S. 130). Der angestrebte Einblick in die Vielschichtigkeit des Betriebes bleibt so einem Schüler verwehrt. Diese Generalisierung kann durch eine fehlende Verknüpfung mit dem Unterricht noch bekräftigt werden und so dem Berufsorientierungsprozess im Weg stehen. Häufig weichen Erwartungen an die Methode des Betriebspraktikums von der Realität ab. Nichtsdestotrotz handelt es sich bei dieser

Methode um ein wichtiges Instrument des Berufsorientierungsprozesses, der Schüler kann einen Beruf erproben und mit seinen Vorstellungen abgleichen. Die im Wirtschaftsunterricht gelernten ökonomischen Prinzipen können außerdem in der Realität erfahren werden, ebenso den Einfluss des Staates auf Betriebe, bzw. Wirtschaft (Loerwald 2011, S. 129f.). Durch ein Betriebspraktikum kann es je nach Erwartungshaltung zu einem Ausschluss des Berufszweiges, zu einer Umorientierung, oder zu einer generellen Grundorientierung kommen. Das Praktikum ermöglicht außerdem dem Schüler seine eigenen Kompetenzen besser kennenzulernen und einzuschätzen, z.B. Arbeit im Team, oder übernehmen von Verantwortung.

.

Meine Idee für eine Auswertung wäre, basierend auf einem Tagebuch, das Veranstalten einer Diskussionsrunde. Diese Diskussionsrunde sollte vom Lehrer Moderiert werden und um den Schülern das Diskutieren einfacher zu machen schon Themenvorschläge bereitstellen. Häufig tauschen sich Schüler sowieso über das Erlebte aus, um diesen Austausch weniger selektiv zu machen, können in der Diskussionsrunde Erfahrungen geteilt und verglichen werden. Das gemeinsame Reden über Erlebtes hilft dem Schüler beim Verarbeiten und beugt eine Generalisierung vor. Durch die Form des Tagebuches können auch Erfahrungen geteilt werden, die persönlicher sind als in einem Portfolio, der Schüler ist nicht so sehr an einen Rahmen gebunden. Der Umfang des Tagebuches und das Einbringen in die Diskussion kann am Ende zusammen bewertet werden.

Literaturverzeichnis

Driesel-Lange, Katja/Kracke, Bärbel (2017): Potentialanalaysen als Instrumente der Förderung in der Berufs- und Studienorientierung. In: Tim Brüggemann, Katja Driesel-Lange, Christian Weyer (Hrsg.): Instrumente zur Berufsorientierung. Pädagogische Praxis im wissenschaftlichen Diskurs. Münster.

Lumpe, Alfred (2002) Gestaltungswillen, Selbständigkeit und Eigeninitiative als wichtige Zielperspektive schulischer Berufsorientierung. In: Schudy Jörg (Hrsg.): Berufsorientierung in der Schule. Grundlagen und Praxisbeispiele (S. 107-123). Bad Heilbrunn: Verlag Julius Klinkhardt.

Seidel, Sabine; Hülsmann, Katrin; Reinshagen, Gabriele; Walgert, Elke (2014): ProfilPASS für junge Menschen. Einsatz in der Schule. URL: https://www.die-bonn.de/doks/2014-berufsberatung-01.pdf (letzter Zugriff am 09.01.2019).

Den Grundstein einer Berufsorientierung bildet häufig eine Potentialanalyse, diese wird umfassend eingesetzt und kann mit weiteren Methoden verknüpft werden.

(1) Beschreiben Sie mit Hilfe geeigneter Literatur knapp Ziel und Funktionsweise der Methode Potentialanalyse.

Die Potentialanalyse hat zum Ziel den Schüler seine Stärken, Interessen und Kompetenzen aufzuzeigen, bzw. welches Potential er noch hat diese zu entwickeln. Bei einem unorientiertem Schüler kann dies einen allgemeinen Überblick verschaffen in welche Richtung er sich orientieren könnte, oder welche Fähigkeiten noch nicht ganz ausgereift sind. Dieses Wissen kann bei der Berufsorientierung helfen und Anschlussperspektiven nach der Schullaufbahn aufzeigen (Driesel-Lange & Kracke 2017, S. 101). Die Ergebnisse können aber einem Schüler auch schon während der Schulzeit helfen, z.B. bei der Wahl der Leistungsfächer, oder der Entwicklung der Fähigkeiten. Der Ablauf der Potenzialanalyse ist nicht systematisiert, weswegen es verschieden Herangehensweisen gibt (Driesel-Lange & Kracke 2017, S. 104). Vereinheitlicht basiert die Methode darauf das die Schüler in verschiedenen Formationen (Einzeln, mit Partner, in Gruppen) Aufgaben lösen. Diese Aufgaben behandeln hauptsächlich Erkundungs- und Problemlösungssituationen. Die Schüler werden während des Lösens der Aufgaben beobachtet und es werden sich verschiedene Kriterien notiert, z.B. Eigeninitiative, Kommunikation oder Organisation. Nach dem die Aufgaben gelöst wurde, folgt eine Nachbesprechung. In der Nachbesprechung wird die Selbsteinschätzung der Schüler mit der Fremdeinschätzung verglichen und im Gespräch reflektiert. Bei Teamaufgaben wird besonders darauf geachtet welche Rolle der Schüler einnimmt und welche Teilaufgaben er löst, bzw. welche ihm leicht fallen zu lösen (Driesel-Lange & Kracke 2017, S. 106f.).

(2) Erörtern Sie mögliche Chancen und Schwierigkeiten eines Einsatzes einer Potentialanalyse im Schulalltag. Berücksichtigen Sie hierbei unterschiedliche Perspektiven schulischer Akteure.

Wichtig für eine Aussagekräftige und effektive Potentialanalyse sind qualifizierte Lehrkräfte, fachübergreifende Anwendung und das die Ergebnisse der Potentialanalyse weiterverwendet werden. Der positive Effekt einer Potentialanalyse kann nicht wirksam werden, wenn sie nur als einmalige Methode eingesetzt wird und keinerlei Verknüpfung mit anderen Methoden, wie z.b. des Betriebspraktikums erfolgt (Driesel-Lange & Kracke 2017, S. 110). Die Lehrkraft, bzw. Lehrkräfte sollten die Schüler während ihrer Laufbahn begleiten und in regelmäßigen Zeitabständen nach den Ergebnissen der Potentialanalyse und deren Umsetzbarkeit fragen. Die erneute Anregung diese zu Reflektieren und mit Eltern oder Mitschülern zu diskutieren ist fortschrittlich für den Prozess der Berufsorientierung, z.b. nach den absolvierten Schulpraktika (Driesel-Lange & Kracke 2017, S. 118). Problematisch wird es wenn der Schüler die Schule wechselt (z.B. aufgrund fehlender Systematisierung andere Potentialanalyse), ein Lehrerwechsel erfolgt, oder die Potentialanalyse in Vergessenheit gerät. Bei der Umsetzung der Ergebnisse der Analyse kann es dazu kommen das der Schüler die Resultate nicht Positiv auffasst, z.b. bei geringer Entwicklung von Teamfähigkeit, oder Eigeninitiative. Bei einer solchen Auffassung kann es sein das kein Interesse besteht diese Kompetenzen zu erweitern, hier muss der Lehrer einspringen und den Schüler ermutigen oder fördern seine Fähigkeiten zu verbessern. Speziell in den unteren Klassenstufen, wenn der Schulabschluss noch weit entfernt liegt, interessieren sich weniger Schüler für die Berufsorientierung. Diesen Schülern muss vermittelt werden das die Methode nicht nur Vorteile für den Prozess der Berufsorientierung bringt, sondern ihnen auch im regulären Schulalltag helfen kann, z.b. bei der Vertiefung von Interessen oder Auswahl von Leistungsfächern (Driesel-Lange & Kracke 2017, S. 117). Jeder Schüler ist individuell, deswegen kann die Potentialanalyse sehr verschiedene Ergebnisse zutage bringen, es ist wichtig auf die Schüler einzeln einzugehen, denn der weitere Prozess der Berufsorientierung muss nicht immer geradlinige verlaufen. Zwischen den Schülern verschiedener Schulformen gibt es ebenfalls Unterschiede. Schüler an Gymnasien sehen sich selbst noch als weit entfernt von ihrem Abschluss und machen sich deswegen weniger Gedanken um ihre berufliche Zukunft als Schüler einer Gesamtschule (Driesel-Lange & Kracke 2017, S. 118f.). Die Schüler einer Gesamtschule gehen mehr auf die Potentialanalyse ein, ihr Abschluss erscheint näher und das Finden eines Anschlusses wichtiger. An Hauptschulen herrscht ebenfalls weniger Interesse, dies könnte mit fehlender Motivation oder Aussichten begründet werden. Es ist wichtig in allen Schulformen aufzuzeigen das die Berufsorientierung ein wichtiger Prozess ist und die Potentialanalyse eine wichtige Methode in ihm.

Ich befürworte den Einsatz der Potentialanalyse, Voraussetzung dafür ist die Betreuung durch qualifizierte Lehrkräfte oder Experten. Ich denke die Potentialanalyse ist nur aussagekräftig, wenn genug Zeit für die Durchführung in Anspruch genommen wird, bzw. es mehrfache Analysen gibt. Es kann nicht erwartet werden das jedes Kind an jedem Tag sein volles Potential entfalten kann, somit wäre eine einmalige Analyse nicht sinnvoll und könnte das Ergebnisse verfälschen. Bevor eine Analyse durchgeführt wird, benötigt es eine umfangreiche Vorbereitung, speziell die Fähigkeiten zur Selbstreflektion des Schülers müssen gestärkt werden, dies würde ein Ablehnen der Ergebnisse vorbeugen. Gleichzeitig ist es wichtig dem Schüler zu zeigen das er selbstverantwortlich ist für seinen Berufsorientierungsprozess, aber nicht alleine dasteht (Lumpe 2002, S. 111f.). Die Dokumentation der Analyse ist ebenfalls essentiell, genauso wie eine Kopie der Ergebnisse durch die Schule aufzubewahren (vgl. Seidel et al. 2014, S. 52). Diese Aufbewahrung sollte am besten einsehbar durch den Schüler sein und bei Klassen- oder Schulwechsel weitergegeben werden. Der Vorteil besteht darin das die Ergebnisse nicht in Vergessenheit geraten und besser in andere Methoden integriert werden können. Umsetzbar wäre eine solche Speicherung z.B. im Onlinesystem der Schule. Der Einsatz der Potentialanalyse ist in allen Schulformen gleich wichtig, hierbei muss allerdings Rücksicht darauf genommen werden, welchen Abschluss der Schüler anstrebt und ob für einen Beruf oder ein Studium orientiert wird.

Kapitel 6 des Schulbuches „Startklar! Wirtschaft – Arbeit – Technik" (2017), ist anhand folgender Kriterien analysierbar: Verwendung Geschlechtsneutraler Sprache, Umgang mit Geschlechterstereotypen, Bebilderung und Beschreibung der Berufe. Die Verwendung Geschlechtsneutraler Sprache, bzw. Berufsbezeichnungen, ist wichtig, um nicht unterschwellig ein Geschlecht weniger geeignet für den Beruf darzustellen. Die Formulierung von Genderneutralen Berufsbezeichnungen sorgt dafür, dass sich alle Geschlechter angesprochen fühlen. Der Umgang mit Geschlechterstereotypen zeigt wie fortschrittlich der Text ist, Stereotypen müssen aufgebrochen werden und Gendertypische Leitbilder sollten für alle Geschlechter existieren. Die Bebilderung sollte dies ebenso wiederspiegeln, typische Leitbilder oder Rollenverteilung sollten, um kein Geschlecht abzuschrecken, nicht auf der Bebilderung hervorgehoben werden. Die Beschreibung der Berufe sollte ebenfalls neutral sein und kein Geschlecht in den Vordergrund zu rücken. Wichtig ist bei der Beschreibung der Inhalt, bzw. die Beschreibung der ausgeführten Tätigkeiten innerhalb des Berufes, diese sollten im Vordergrund stehen. Die Formulierung auf diese Art und Weise sorgt dafür das der Adressat sie ohne Barriere mit seinen eigenen Fähigkeiten und Interessen abgleichen kann. Es sollte außerdem auf die Polarisierung von Berufsfeldern verzichtet werden, z.B. soziale Berufe sind besser für die Bildung einer Familie, dies kann zu einer voreingenommenen Stellung gegenüber technischen Berufen führen.

Der Text entspricht dem Kriterium der Verwendung von Geschlechterneutralen Sprache sehr gut, es werden sowohl Mädchen als auch Jungen jeweils angesprochen. Die Bezeichnung erfolgt immer gleichwertig. Geschlechterstereotypen werden im Text gezielt aufgezeigt und beseitigt, es wird darauf hingewiesen das eine Berufswahl unabhängig vom Geschlecht getroffen werden kann. Ebenso wird darauf referenziert, dass viele Betriebe Bewerber vom jeweiligen unterrepräsentierten Geschlecht suchen. Besonderes Augenmerk wird auch auf die Kommunikation mit den Eltern bei einem Geschlechts „unüblichen" Berufswunsch gelegt.

Bei der Auswahl der Bebilderung ist beim ersten Lesen des Textes leicht zu übersehen das einige Abbildungen gezielt genutzt werden um auf die Verwendung Stereotypischer Bilder und Leitfiguren aufmerksam zu machen (Bilder M1, S. 130). Die Bilder M1 (S. 130) zeigen 4 Berufsfelder, wovon zwei Grafiken (rechts oben und unten) eher ein Klischee bedienen (weibliche Unterstufen Kunstlehrerin, umgeben von ausschließlich weiblichen malenden Kindern und männlicher Klempner, der einer weiblichen Kollegin etwas erklärt). Das Bild welches als Einleitung zum Kapitel dient, betont allerdings Rollenklischees (zwei Frauen die an der Vorlage zu einem Kleidungstück arbeiten, ein nah stehendes Mädchen und ein Junge, welcher zuschauend im Hintergrund steht). Die restlichen Bilder sind neutral gewählt. Problematisch sieht es mit der Grafik M1 (S. 128) aus, hier sind einem Jungen und einem Mädchen verschiedene Eigenschaften und Wünsche zugeordnet. Als Beispiel für einige der Maßnahmen existieren häufig nur Abbildungen eines Geschlechts. Im Text werden wenig Berufe direkt beschrieben, es wird allerdings angemerkt, die Planung der späteren Zukunft in die Berufswahl mit einzubeziehen.

Grundlegend ist das vorliegende Material erfolgreich Gender sensibilisiert. Das Kriterium der geschlechterneutralen Sprache wird ausreichend erfüllt und Geschlechterstereotypen wurden aufgebrochen. Defizite welche verbessert werden könnten, sind die Ausgeglichenheit der Beispiele, auf S. 128 z.B. existiert nur das Beispiel eines Mädchens für ein Persönlichkeitsprofil (Galia), dies könnte mit dem eines Jungen ergänzt werden. Ebenso ist es möglich es zu einem genderneutralen Beispiel umzuwandeln, bei dem die Wichtigkeit der individuellen Berufsorientierung, unabhängig des eigenen Geschlechts, hervorgehoben wird (Faulstich-Wieland 2016, S. 38).

Bei der Bebilderung verhält es sich ähnlich, das Bild zum Textabschnitt über den „Girls'- and Boys'-Day" zeigt nur die Variante des Girls'-Days, hier könnten zwei

Bilder des jeweiligen Geschlechts besser ansprechen. Ähnlich verhält es sich mit der Grafik M2 S. 131, welche darauf Aufmerksam machen soll das manche Berufe eine Über- oder Unterpräsenz von Frauen haben und die Werte von 1976 mit 2015 vergleicht, diese Grafik müsste beide Geschlechter zeigen. Die Abbildung auf der gleichen Seite (M3), zeigt ebenfalls nur ein Geschlecht und müsste um ein weiteres erweitert werden. Das Bild zur Kapiteleinleitung (S. 127) sollte damit es alle Geschlechter anspricht überarbeitet werden, dies wäre relativ simpel zu bewerkstelligen, statt der abgebildeten Frau auf der rechten Bildseite, sollte der Junge aus dem Hintergrund dem Mädchen beim vermessen helfen. Diese Änderung zeigt das alle Geschlechter mit einbezogen werden und niemand zuschauen muss, es wäre ebenfalls möglich den Jungen im Hintergrund zu lassen und die Frau gegen einen anderen Jungen auszutauschen, sodass beide Geschlechter im gleichen Verhältnis portraitiert werden. Eine weitere Grafik die überarbeitet werden müsste wäre die Abbildung M1 S. 128, diese zeigt ein Beispiel für Persönlichkeitsprofile von Jungen und Mädchen. Die Grafik enthält keine starken Stereotypen, allerdings könnten die aufgezeigten Eigenschaften und Fähigkeiten auf beide Geschlechter zutreffen. Eine neutrale Form wie eine Mindmap oder das Weglassen der Figuren wäre möglich.

Literaturverzeichnis

Faulstich-Wieland, Hannelore (2016): Berufsorientierung und Geschlecht. In: Freiburger Zeitschrift für GeschlechterStudien, 20/1. S. 33-46.

Faulstich-Wieland, Hannelore; Scholand, Barbara (2017): Gendersensible Berufsorientierung – Informationen und Anregungen. URL: https://www.boeckler.de/pdf/p_fofoe_WP_034_2017.pdf (letzter Zugriff am 09.01.2019).

o.A. (o.J.): Checkliste: Geschlechter-sensible Berufsorientierung im Bereich Technik. URL: http://serena.thegoodevil.com/wp-content/uploads/Checkliste_Geschlechtersensible-Berufsorientierung_Serena_20161110.pdf (letzter Zugriff am 09.01.2019).